Anne Oberkampf

WIE IST DAS MIT DER TAUFE?

Mit Illustrationen von Susanne Bochem

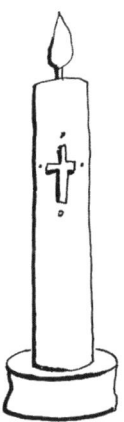

Verlag Ernst Kaufmann

INHALT

1. Auflage 2003
© 2003 Verlag Ernst Kaufmann, Lahr
Dieses Heft ist in der vorliegenden Form in Text und Bild urheberrechtlich geschützt.
Jede Verwertung ist ohne Zustimmung des Verlags Ernst Kaufmann unzulässig und
strafbar. Dies gilt insbesondere für Nachdrucke, Vervielfältigungen, Übersetzungen,
Mikroverfilmungen und die Einspeicherung und Verarbeitung in elektronischen
Systemen.
Printed in Germany
Umschlaggestaltung: Stefan Heß
Hergestellt bei Dinner Druck GmbH, Schwanau
ISBN 3-7806-2608-X

VORWORT

Von unseren beiden Kindern ist eines als Säugling getauft, das andere nicht. In meiner kirchlichen Kindergruppe sind manche Kinder ganz bewusst nicht getauft. Im Kindergarten sitzt mein Sohn neben muslimischen Kindern und solchen mit atheistischem Hintergrund. So vielfältig stellt sich meine Bestandsaufnahme zum Thema Taufe dar. Wer sich einmal die Mühe macht, diese Beobachtung zu überprüfen, wird die Erfahrung machen, wie groß die Bandbreite in puncto Taufe ist. Sie gehört bei weitem nicht mehr überall zu den Ereignissen, die sich Eltern für ihre Kinder unbedingt wünschen.

Aber sie kommt vor. Und wo sie gefeiert wird, erwarten die Eltern und die Familie etwas von ihr.

Wo Kinder an einer Taufe teilnehmen oder andere darüber reden hören, entwickeln sie Fragen. Diese werden nun sehr unterschiedlich ausfallen, stark abhängig davon, in welchem Verhältnis das Kind selbst und seine Familie zum christlichen Glauben steht. Areligiös geprägte Kinder werden viel grundsätzlichere Fragen entwickeln als solche, die in eine kirchliche Gruppe gehen. Für ungetaufte Kinder wird die Beschäftigung mit dem Thema zur Anfrage, warum sie selbst nicht getauft sind. Und für andersreligiöse Kinder kann die Taufe in Konkurrenz zu eigenen Riten kommen, bis dahin, dass eine Beschäftigung mit dem Thema gar nicht möglich ist.

Wer sich das Thema vornimmt, wird aus diesem Grunde sehr sensibel die Zusammensetzung der Kindergruppe beachten müssen, um die richtigen Fragen zu beantworten und keine religiösen Gefühle zu verletzen. Auf der einen Seite sollen nicht ungetaufte Kinder ausgegrenzt werden, auf der anderen Seite will man den Getauften die positive Bedeutung der Taufe lieb machen.

Das vorliegende Buch will durch einen spielerischen Umgang mit der Symbolik der Taufe allen Kindern die Bedeutung des christlichen Ritus vermitteln.

Viel Vergnügen bei der kreativen Annäherung an die Taufe!

Anne Oberkampf

THEOLOGISCHE EINFÜHRUNG

Für diejenigen, die in einer Kindergruppe das Thema „Taufe" planen, ist die eigene Einarbeitung ins Thema zunächst einmal unerlässlich. Nur wer die Herkunft und Bedeutung der Taufe kennt und um ihre Komplexität weiß, kann mit Kindern angemessen davon sprechen, ohne links oder rechts vom Pferd zu fallen. Dazu gehört es im Wesentlichen, die Herkunft und Theologie der Taufe zu erfassen und in eine sensible Auseinandersetzung mit der Symbolik, die die Taufe prägt, einzutreten. Auch unterscheidende und gemeinsame Interpretationen der verschiedenen christlichen Kirchen müssen wahrgenommen werden.

Der Missionsbefehl
Die Taufe geht zurück auf den „Missionsbefehl" Jesu Christi, wie er in der Bibel überliefert ist. Damit beauftragte Jesus seine Freunde, die Jünger, bevor er von ihnen ging: „Gehet hin und machet zu Jüngern alle Völker: Taufet sie auf den Namen des Vaters und des Sohnes und des heiligen Geistes und lehret sie halten alles, was ich euch befohlen habe." (Matthäus 28, 19f.)

Die Taufe, ein Sakrament
Deshalb wird die Taufe von allen christlichen Kirchen praktiziert und hat überall den Rang eines Sakraments, d. h. eines Zeichens, das Jesus Christus selbst eingesetzt hat, um damit dem Menschen die Gnade Gottes weiterzugeben. Die Taufe wird zwar in der Regel von einem Priester, Pfarrer oder Pastor durchgeführt, der eigentliche Spender aber ist Gott selbst.

Ökumenische Gemeinsamkeiten
Die Kirchen anerkennen gegenseitig die Taufe der je anderen, taufen also Kinder und Erwachsene bei einem Kirchenübertritt nicht noch einmal (mit Ausnahme der baptistischen Kirche, s. u.). Dahinter steht das Wissen darum, dass die Taufe ein einmaliges Geschehen ist, das nicht zurückgenommen werden kann. Überall geschieht die Taufe im Namen des dreieinigen Gottes, Vater,

Sohn und Heiliger Geist. In allen Kirchen ist der Tauftag der Tag der Aufnahme des Getauften in die Kirche. Mit Ausnahme der baptistischen Kirche praktizieren alle christlichen Kirchen die Säuglingstaufe, kennen daneben aber auch die Taufe von Kindern und Erwachsenen.

Biblisches zur Taufe

Neben diesen Übereinstimmungen gibt es viele Unterschiede. Die Vielfalt der Tauftheologien, die sich in den verschiedenen Konfessionen spiegelt, hat darin ihren Grund, dass das Neue Testament keine einheitliche Tauftheologie vorgibt.

Jesus Christus selbst hat sich taufen lassen durch Johannes den Täufer und hat bei seiner Taufe den Heiligen Geist empfangen. Für ihn stellte die Taufe eine Beauftragung dar. Erst danach begann seine öffentliche Wirksamkeit (Markus 1, 9–11). Über sein Leben vor der Taufe wissen wir wenig.

Jesus Christus selbst hat nicht getauft (Johannes 4, 2), dafür aber seine Jünger und diejenigen, die seine Botschaft weitergetragen haben (z. B. Paulus, der in einigen seiner biblischen Briefe Namen nennt, 1. Korinther 1, 14).

Taufe in der Bibel ist Erwachsenentaufe

Zur Zeit der entstehenden Kirche war die Taufe von Erwachsenen der Normalfall. Es ließen sich diejenigen taufen, die zum Glauben an Jesus Christus gekommen waren. Die Taufe stellte den Beginn des neuen Lebens mit Christus dar. Sie war das Zeichen, das am Anfang des Glaubensweges stand (vgl. Apostelgeschichte 8, 26–38). Gleichzeitig war die Taufe ein Akt des Bekenntnisses. Von Säuglingstaufe lesen wir nichts in der Bibel. Manche Theologen gehen allerdings davon aus, dass mit den Familien auch die Kinder getauft wurden, was sich hinter der Formel „mit ihrem Haus getauft" (z. B. Apostelgeschichte 16, 15) verbirgt.

Ausführlich hat sich erst Paulus in seinen Briefen an verschiedene Gemeinden über den Sinngehalt der Taufe Gedanken gemacht.

Taufe als Sterben und Auferstehen mit Christus

Die Taufe ist eine Symbolhandlung für das Sterben und Auferstehen mit Christus: Wenn der Täufling im Wasser untergetaucht

und dann wieder hochgezogen wird, erlebt er symbolhaft den Tod mit Christus (der am Kreuz für gerade diesen Täufling gestorben ist) und das neue Leben mit Christus (der auch für diesen Menschen das neue Leben erworben hat). Die Sünde, die den Menschen zum Tod bestimmt, wird abgewaschen. Paulus beschreibt diese Symbolik ausführlich in seinem Brief an die Römer (Römer 6, 4). Gelegentlich wird die Taufe auch als „Wieder- oder Neugeburt" verstanden (Titus 3, 5; Johannes 3, 3ff.). Dabei müssen wir wissen, dass die Taufe in neutestamentlicher Zeit durch Untertauchen des ganzen Körpers vollzogen wurde und so das Sterben und Auferstehen körperlich erfahrbar machte.

Taufe bedeutet Anteil am Erbe und Geist Christi

Gleichzeitig vertritt Paulus die Meinung, dass die Menschen in der Taufe Anteil bekommen am Erbe Jesu Christi (Eph 1, 14) und am Heiligen Geist, der ab dem Zeitpunkt der Taufe im Menschen wirkt. Gelegentlich bekommen Christen den Heiligen Geist allerdings schon vor der Taufe und werden durch ihn zur Taufe gedrängt (vgl. Apostelgeschichte 10, 47).

Taufe bedeutet, Christus wie ein Kleid „anziehen"

Mit einem anderen Bild arbeitet Paulus im Brief an die Galater: „Denn ihr alle, die ihr auf Christus getauft seid, habt Christus angezogen" (Galater 3, 27). Der getaufte Christ lebt nicht mehr sein eigenes Leben, sondern lässt Christus selbst in sich leben. Wie ich durch ein anderes Kleid eine andere innere Haltung und Würde bekomme, so wirkt sich die Taufe auf mein Leben aus.

Taufe ist Aufnahme in die Kirche

Nach dem Neuen Testament bedeutet die Taufe immer eine Eingliederung des Täuflings in den „Leib Christi", konkret die Kirche oder Gemeinde (Epheser 4, 25; 1. Korinther 12, 12–27). Kirchenrechtlich bedeutet die Taufe den Beginn der formalen Mitgliedschaft. Einige Freikirchen kennen aber auch Probe-Mitgliedschaften von Nicht-Getauften.

Taufe ist Gottes Ja zum Täufling

Was Gott allen Menschen zugedacht hat, wird in der Taufe einem Menschen ganz persönlich zugesprochen. Die Taufe ist „Liebeserklärung und Treueversprechen Gottes gegenüber einem Menschen." (Evangelischer Erwachsenenkatechismus. Glauben – erkennen – leben. Hannover/Gütersloh ⁶2000, 542). Die Taufe ist Zeichen dafür, dass Gott den Täufling annimmt und sein Ja über ihm spricht. Er gehört zur großen Familie Gottes.

Unterschiedliche Ausprägung der Taufe in den Kirchen
Dass die Bibel keine einheitliche Tauftheologie vorgibt, hat bewirkt, dass sich in den verschiedenen Kirchen unterschiedliche Ausprägungen und Betonungen entwickelten.

Hinzu kommt, dass neben den biblischen Interpretationen auch die Meinung des Kirchenvaters Augustin die Taufpraxis und -theologie beeinflusste: Augustin lehrte, dass jedes Kind mit Erbsünde beladen auf die Welt kommt und nur dann vor Gott gerecht werden kann, wenn es getauft wird. Er nimmt darin biblische Stellen auf, z. B. „Wer da glaubt und getauft wird, der wird selig werden" (Mk 16, 16) und formulierte damit die bis heute vor allem in der katholischen Kirche vorherrschende Meinung, dass Nicht-Getaufte nicht selig werden können. In letzter Konsequenz heißt das: Wer ungetauft stirbt, kommt in die Verdammnis. Die Taufe wird so entscheidend für das Heil des Menschen. Dieser Meinung waren auch die Reformatoren. Sie ist aber heute auch in den evangelischen Kirchen umstritten. Das magische, also selbstwirksame und das Kind in seinem Sein verändernde Verständnis der Taufe tritt zurück und der Glaube des Menschen erhält eine höhere Bedeutung.

Ausgewirkt hat sich das unter anderem in der Evangelisch-methodistischen und in der baptistischen Kirche. In Ersterer ist die Taufe nicht mehr als ein Zeichen der Liebe Gottes zu dem individuellen Menschen und tritt gegenüber einem eigenen Bekenntnis zurück. In Letzterer wird nur die Taufe von Erwachsenen anerkannt. Die Säuglingstaufe wird nicht anerkannt, da sie ohne ein Glaubensbekenntnis des Täuflings zustande kam.

Erwachsenen- oder Säuglingstaufe?
Die Frage nach der Berechtigung der Säuglingstaufe wurde in den letzten Jahren allerdings quer durch die Konfessionen laut. Die eigene Taufe nicht bewusst erlebt zu haben, wird dabei von Erwachsenen als Mangel empfunden. Manche Eltern möchten mit einer Taufe auch nicht der eigenen Entscheidung des Kindes vorgreifen. Als „Zwischenlösung" bieten manche Kirchen die Seg-

nung von Säuglingen an. Nicht selten kann man heute auch Taufen von Kindern im Schulalter oder von Jugendlichen erleben, bei denen der Konfirmandenunterricht vor der Konfirmation zur Taufe führt.

Für beide Positionen – Säuglings- und Erwachsenentaufe – gibt es unterschiedliche Gründe, die hier kurz zusammengefasst werden:

Pro Säuglingstaufe

Für die Säuglingstaufe spricht, dass Eltern ihrem Kind von Anfang an eine religiöse Heimat geben wollen. Sie bringen dabei zum Ausdruck, dass Gottes Ja als ein Geschenk *vor* allem Handeln des Menschen steht. Sie selbst und die Paten (Taufzeugen) geben das Taufversprechen ab, das Kind auf dem Weg zum Glauben zu begleiten und zu unterstützen. Die Taufe wird verstanden wie ein „Scheck", der später eingelöst werden kann. Eine große Rolle spielen sicher auch Fragen der Tradition – dass die Kindertaufe lange Jahrhunderte üblich war – und die Ansicht, dass die Taufe zum Heil des Kindes relevant ist. Konfirmation und Kommunion werden als Aneignung der eigenen Taufe ernst genommen.

Pro Erwachsenentaufe

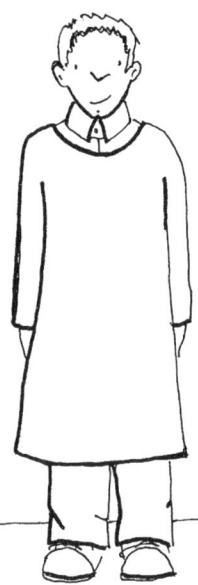

Die Verfechter der Erwachsenentaufe argumentieren meist mit dem biblischen Befund, indem sie die Zusammengehörigkeit von Glaube und Taufe betonen. Die bewusste Entscheidung, sich taufen zu lassen, gehört zum Weg eines Christen. Die Taufe wird als Startschuss für ein neues Leben mit Gott verstanden und stellt in eine besondere Verantwortung. Säuglingstaufe wird als eine Routine-Maßnahme und Vorentscheidung der Eltern über ihre Kinder abgelehnt. Ungetaufte Kinder sind nach dieser Meinung durch gläubige Eltern geheiligt (vgl. 1. Korinther 7, 14).

Die Taufe im Gottesdienst

Die Taufe geschieht heute in der Regel in einem öffentlichen Gottesdienst durch den Ortspfarrer oder die Ortspfarrerin. Manchmal werden auch an „Taufsonntagen" mehrere Täuflinge gleichzeitig getauft. Der traditionsreiche Tauftermin Ostern rückt dabei auch wieder mehr ins Blickfeld der Gemeinden. Die Taufe geschieht auf Wunsch der Eltern, die – wie auch die Paten – Glieder einer Kirche sein müssen. Das Kind wird anschließend in die Kirchenbücher eingetragen.

In der Taufe versprechen Eltern und Paten, manchmal auch die Gemeinde, das Kind christlich zu erziehen. Sind die „Tauffragen" beantwortet, wird der Säugling von den Eltern oder Paten über das Taufbecken gehalten. Der Pfarrer oder die Pfarrerin gießt dreimal Wasser über den Kopf des Kindes. In manchen Traditionen wird mit der Hand jeweils ein Kreuz beschrieben. Dabei wird das Kind „im Namen des Vaters und des Sohnes und des Heiligen Geistes" getauft und bei seinem Namen genannt.

Ein ausgewählter Bibelvers gilt als Taufvers, der das Kind sein Leben lang begleiten soll. Manchmal begrüßt eine Kindergruppe (z. B. Kindergottesdienstgruppe) das Kind durch ein Lied.

Aus der katholischen Tradition kommt die beliebte Sitte, dem Täufling eine Taufkerze zu schenken. Sie wird nach dem Taufakt an einer großen Christus- oder Osterkerze angezündet zum Zeichen dafür, dass Christus als das Licht der Welt den Menschen zu einem neuen Leben im Licht befähigt. Biblische Hintergründe dazu finden sich in Johannes 8, 12 und Epheser 5, 8, allerdings ohne ausdrückliche Nennung der Taufe.

Bei Erwachsenentaufen legt der Täufling ein eigenes Taufbekenntnis ab und wird dann stehend oder kniend getauft. In der baptistischen Kirche und in manchen Freikirchen wird die Taufe auch als Ganzkörpertaufe (z. B. in einem See) gefeiert.

Zusammenfassung

Die Taufe ist ein Initiations-Ritus, d. h. eine religiöse Symbolhandlung, die am Beginn eines neuen Lebensabschnittes steht. Sie verbindet den Täufling auf der einen Seite mit Christus, auf dessen Tod und Auferstehung er getauft wird, auf der anderen Seite mit der Kirchengemeinde, deren Mitglied er wird. Die Taufe für einen Christen ist jedoch nicht das Ganze, sondern ergänzungsbedürftig durch den Glauben an Jesus Christus.

ELTERNBRIEF

Die Gründe, das Thema Taufe in einer Gruppe aufzugreifen, sind vielfältig. Ebenso sind es die Gruppen. Ein „Elternbrief" kann also nur Bausteine für einen Brief liefern, der für die je besondere Situation verfasst wird.

Liebe Eltern!

Ein Kind aus unserer _____ gruppe soll am _____ in der _____ -kirche getauft werden. In Absprache mit den Eltern des Täuflings wollen wir mit unserer Gruppe gerne dabei sein! Um den Kindern den Zugang zu dem, was Taufe bedeutet, zu erleichtern, planen wir in den Tagen / Wochen vor der Taufe eine ausführliche Einheit rund um das Thema.
Wir werden uns mit verschiedenen Symbolen beschäftigen, die die Taufe beschreiben:
Wasser, das Leben schafft und lebensnotwendig ist, das reinigt, aber auch den Tod bringen kann. *Kleider,* die man anzieht und damit etwas darstellt. *Die Gemeinschaft,* in die der Täufling gestellt wird und die uns als Einzelne trägt. Die *Kerze* als lebensschaffendes Licht, das ein Bild für Jesus Christus ist. – Alle Symbole erarbeiten wir spielerisch und möglichst lebensnah.
Bitte bedenken Sie: Es kommt uns dabei keinesfalls darauf an, die nicht getauften oder andersgläubigen Kinder zur Taufe zu drängen, sondern wir wollen den Kindern erklären, was bei der Taufe mit ihrer Kindergarten-Freundin / ihrem Kindergarten-Freund geschieht. Auch wollen wir uns nicht an den Unterschieden aufhalten, die die christlichen Kirchen in ihrer Taufpraxis trennen, sondern das Gemeinsame betonen.
Das Thema mündet darin, dass wir dem Täufling ein Geschenk basteln und an seiner Taufe teilnehmen. Gerne sind Sie als Eltern auch zu diesem Fest eingeladen.

Mit freundlichen Grüßen, Ihre

ANLEITUNG ZU DEN SPIEL-, BASTEL- UND KREATIVIDEEN

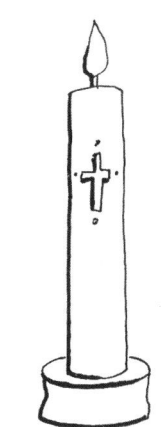

Im Folgenden finden sich eine Reihe von Bastelideen, Spielen, Geschichten und kreativen Elementen zum Thema. Sie sind vier verschiedenen Symbolen zugeordnet, die versuchen, auf möglichst unterschiedliche Art und Weise etwas vom Taufgeschehen anschaulich zu machen:

- Wasser • Kleid • Gemeinschaft • Kerze

Je jünger die Kinder sind, desto sinnvoller ist eine Beschränkung auf eines oder zwei Symbole.

In jedem Fall es unerlässlich, die Kinder zunächst einmal mit der äußeren Handlung der Taufe vertraut zu machen. Das geschieht durch ein Bild (z. B. aus einem der Kinderbücher zum Thema, siehe Literaturverzeichnis) oder durch einzelne Gegenstände (z. B. eine flache Schüssel mit Wasser, eine Taufkerze, ein Taufkleid oder ein Kirchenbuch). In manchen Gruppen kann auch auf die Erfahrungen der Kinder zurückgegriffen werden, indem man sie eine Taufe malen lässt, die sie schon erlebt haben. Werden Gegenstände benutzt, sollte ihnen für die Dauer der Beschäftigung mit dem Thema ein bestimmter Platz vorbehalten sein.

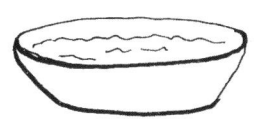

Denn davon, wie das Gesamtthema bei den Kindern präsent ist, wird abhängen, ob sie es schaffen, die Inhalte der einzelnen Symbole auf die Taufe zu übertragen.

Unterstützend wird der Gruppenleiter am Anfang und am Ende der Spiel-, Bastel- oder kreativen Einheiten den Zusammenhang zur Taufe herstellen.

Zunächst steht über jedem Kapitel eine kurze Bemerkung zum Gehalt des Symbols. Dann folgen die Vorschläge zur Realisation. Die verschiedenen Ideen bauen dabei nicht aufeinander auf. Sie bilden auch keine in Bezug auf den Schwierigkeitsgrad aufsteigende Linie. Jede kann für sich herausgenommen und realisiert werden. Jeweils der erste Vorschlag hat eröffnenden Charakter.

SYMBOL „WASSER"

Ohne Wasser gibt es keine Taufe.
Auch wenn heute meistens nicht mehr in großen Becken getauft wird, legen die Kirchen Wert darauf, dass das Wasser, das dem Täufling über die Stirn gegossen wird oder mit dem ein Kreuz auf die Stirn des Täuflings gemacht wird, fließt.

Das Wasser ist dabei Träger verschiedener Gedanken:
- Wasser reinigt von Sündenschuld.
- Wasser ist ein unverzichtbares Lebensmittel und lässt wachsen und gedeihen.
- Wasser bringt etwas in Bewegung.
- Das Ein- und Auftauchen aus dem Wasser ist Symbol für das Sterben und Auferstehen mit Christus.

Die Geschichte vom „lebendigen Wasser"
(nach dem Johannesevangelium, 4. Kapitel)

Es war Abend geworden in der kleinen Hütte. Draußen wurde es kühler und Salome kuschelte sich an ihre Mutter, die gekommen war, um Gute Nacht zu sagen.
„Mama", begann das Mädchen, „Sara hat mich heute gefragt, warum du getauft bist und ihre Mama nicht."
Die Mutter lachte. „Darüber unterhaltet ihr euch? Na, dann will ich es dir erzählen! Es ist schon ein paar Jahr her, da bin ich einmal an einem Nachmittag mit dem großen Krug losgegangen, um Wasser für uns zu holen. Ich mochte diese Arbeit nicht besonders gerne, weil unser Krug sehr schwer ist, wenn er voll ist. Hast du mal versucht, ihn hochzuheben?"
„Nein", gab Salome zu. „Aber was ist dann passiert?"
„Ja dann", fuhr die Mutter fort, „habe ich an dem Brunnen Jesus getroffen, den Propheten. Ich kannte ihn nicht. Es war einfach ein fremder Mann aus dem Süden des Landes. Ich habe ihn auch nicht weiter beachtet. Aber als ich Wasser geschöpft hatte und gerade wieder gehen wollte, da sprach er mich an. Er wollte Wasser von mir haben. Das hat mich gewundert. Denn die Männer aus dem Süden wollen normalerweise nichts mit uns zu tun haben. Und jetzt wollte dieser Mann auf einmal von mir Wasser.

Und so spottete ich ein bisschen. Aber er sagte nur: ‚Du weißt ja gar nicht, wer ich bin, sonst würdest du *mich* um Wasser fragen und ich würde dir lebendiges Wasser geben!' So sagte er: ‚Lebendiges Wasser.'"

„Mama", schaltete Salome sich ein. „Der hatte doch gar nichts zum Schöpfen dabei. Wie wollte er dir dann Wasser geben?"

„Genau das habe ich ihm auch gesagt."

„Und was meint er mit ‚lebendigem Wasser'?"

„Na, hör mal!", sagte die Mutter. „Das weißt du doch!"

„Aber…" stotterte Salome, „…lebendiges Wasser ist Wasser aus einer Quelle, das sprudelt und schäumt. Das kann er doch nicht gemeint haben. Es gibt hier keine Quelle."

„…und wir sind froh, dass wir den Brunnen haben", ergänzte die Mutter. „Aber er sagte ‚lebendiges Wasser'. Ich habe auch erst später gemerkt, dass er etwas anderes meint."

„Und was?" Jetzt wollte Salome es genau wissen.

„‚Wer von meinem Wasser trinkt, der wird nie wieder durstig. Und er wird selbst zu einer Quelle von lebendigem Wasser', sagte Jesus. Das wäre schön! Nie wieder Durst. Nie wieder zum Brunnen laufen und schwere Krüge herumschleppen."

„Und du bist doch erst heute Abend wieder am Brunnen gewesen! Dann stimmt es gar nicht, was Jesus sagte!", wandte Salome ein.

„Doch, Kind. Jesus hat symbolisch gesprochen, er hat mit dem lebendigen Wasser das Wasser der Taufe gemeint. Wer getauft ist, der ist wie eine Quelle: Jesus lässt dauernd Wasser nachsprudeln und davon kann ich an andere weitergeben, die Durst nach Leben haben."

„Meine getaufte Mama ist eine Quelle", witzelte Salome. „Das ist gut. Dann weiß ich immer, wo ich lebendiges Wasser bekommen kann, wenn ich Durst habe. Aber, Mama, ich kann mich doch auch selbst taufen lassen, oder?"

„Kannst du!" Die Mutter schlug die Decke um das Mädchen und gab ihr einen Kuss. „Aber jetzt kannst du erst mal schlafen!"

Experimente mit Wasser

Es gibt eine ganze Reihe Experimente mit Wasser, die eine Annäherung an das Element erlauben. Hier einige Anregungen:

Experiment A: Wie sieht Wasser aus?
- Wasser ist blau. Wirklich? Lassen Sie Kinder die Farbe von Wasser bestimmen!

- Eis ist gefrorenes Wasser. Im Winter wird ein großer Eiszapfen von einer Dachrinne abgebrochen und so lange in einer Schale liegen gelassen, bis er sich aufgelöst hat.
- Die Kinder können auch selbst Wasser-Eis herstellen: Sie mischen zwei Teile Zitronensaft mit zwei (oder weniger) Teilen Zucker in zwölf Teilen Wasser, füllen es in Stiel-Eisformen und stellen es in den Gefrierschrank.

- Wenn Wasser kocht, verdampft es. Wir stellen einen Topf auf den Herd, lassen das Wasser kochen und schauen nach einer Weile, wie viel Wasser noch da ist. Wir fangen einen Teil des verdampfenden Wassers auf einem Spiegel oder am Topfdeckel auf und sehen, wie es wieder die flüssige Form annimmt.

Experiment B: Wasser löscht Durst und schmeckt nach etwas
Ein Kind bekommt die Augen verbunden und darf verschiedene Wassersorten „schmecken". Welches schmeckt besonders gut? Verwendet werden können Stilles Wasser, Sprudel (mit Kohlensäure versetztes Wasser), Salzwasser (nicht zu viel Salz nehmen!), Wasser, in dem eine Brausetablette gelöst ist, und Tee.

Experiment C: Wasser macht sauber
In den alltäglichen Gruppenablauf lässt es sich gut einbauen, dass die Kinder verschiedene dreckige Gegenstände zuerst ohne Wasser säubern sollen, dann mit Wasser. Es eignen sich dafür Dinge des täglichen Gebrauches (Schuhe, Spielsachen, ein Tisch nach dem Essen oder Malen etc.).

Experiment D: Wasser lässt wachsen
Die Kinder bepflanzen zwei Blumentöpfe mit derselben Saat (Kresse, Getreide, Blumensamen). Der eine Topf wird gegossen, der andere nicht. Im Topf, der gegossen wird, wird bald etwas wachsen. Der andere vertrocknet.

Auch mit der gewachsenen Pflanze kann weiterexperimentiert werden: Lässt man sie eine Zeit ohne Wasser, verwelkt sie. Gießt man sie wieder (nicht zu lange warten!!), richtet sie sich wieder auf.

Experiment E: Wasser kann zerstören und töten
Diese für die Taufe wichtige Eigenschaft von Wasser kann nicht experimentell von den Kindern nachvollzogen werden, könnte aber im Gespräch entwickelt werden.

- Wie ist es, wenn ich lange unter Wasser bin?
- Warum ist es wichtig, schwimmen zu lernen?
- Was passiert bei einem großen Hochwasser?

Wasser in unserer Stadt!
Eine Wasserrallye

Die Kinder machen in zwei Gruppen eine Rallye durch die Stadt und suchen Wasser. Wo findet sich denn überall Wasser? Z. B. an Brunnen, Flüssen, Seen, Schwimmbädern, Autowaschanlagen, Springbrunnen in Gärten, Hydranten, usw. Es zählen nur öffentliche Wasserstellen!
Für jedes Wasser beschreibt oder bemalt die Gruppe aus blauem Papier ausgeschnittene Wassertropfen (Achtung: kein zu dunkles Blau nehmen!).
Wieder zurück, erzählen sich die Gruppen gegenseitig, wo sie Wasser gefunden haben, indem sie sich gegenseitig ihre Tropfen zeigen und sie an ein großes Plakat kleben. Welche Gruppe hat am meisten Wasser gefunden?

Spiel zum Wasser

Spielplan groß kopieren und z. B. mit verschieden farbigen, gefalteten Papierschiffchen spielen.

1 Du hast dreckige Hände! Geh zum Waschen an den Start zurück.
2 Du spielst am Fluss und lässt Papierschiffchen fahren. Nimm die Abkürzung.
3 Du bist am Meer, kannst aber nicht schwimmen. 4 Felder zurück.
4 Es ist heiß. Du hast vorgesorgt und genug zum Trinken dabei. Gut gemacht! Nochmals würfeln.
5 Es ist heiß. Du hast kein Wasser dabei. Du musst warten, bis dir jemand etwas abgibt: Bleib stehen, bis dich ein Spieler überholt hat!
6 Du hattest einen Fleck auf der Hose und hast ihn ausgewaschen. Weil alles so schön sauber geworden ist, darfst du nochmals würfeln.
7 Im Wasser tauchen macht Spaß. Nimm die Abkürzung!
8 Du musst über den See. Zum Glück liegt da gerade ein Boot. Nochmals würfeln.
9 Fast wärst du im See ertrunken, wenn dich nicht jemand herausgezogen hätte. Um Danke zu sagen, setzt du einmal aus.
10 Du bist mit Wasser getauft worden. Alle freuen sich mit dir! Du und alle deine Mitspieler dürfen ein Feld vor.
11 Ein Haus brennt. Du löschst mit Wasser. Du darfst so viele Felder vorrücken, wie du Mitspieler hast!
12 Dein Wasserhahn ist verstopft. Geh und hol einen Klempner. Nochmals würfeln und die entsprechende Anzahl Felder zurückgehen!

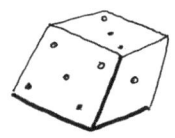   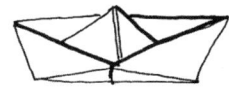

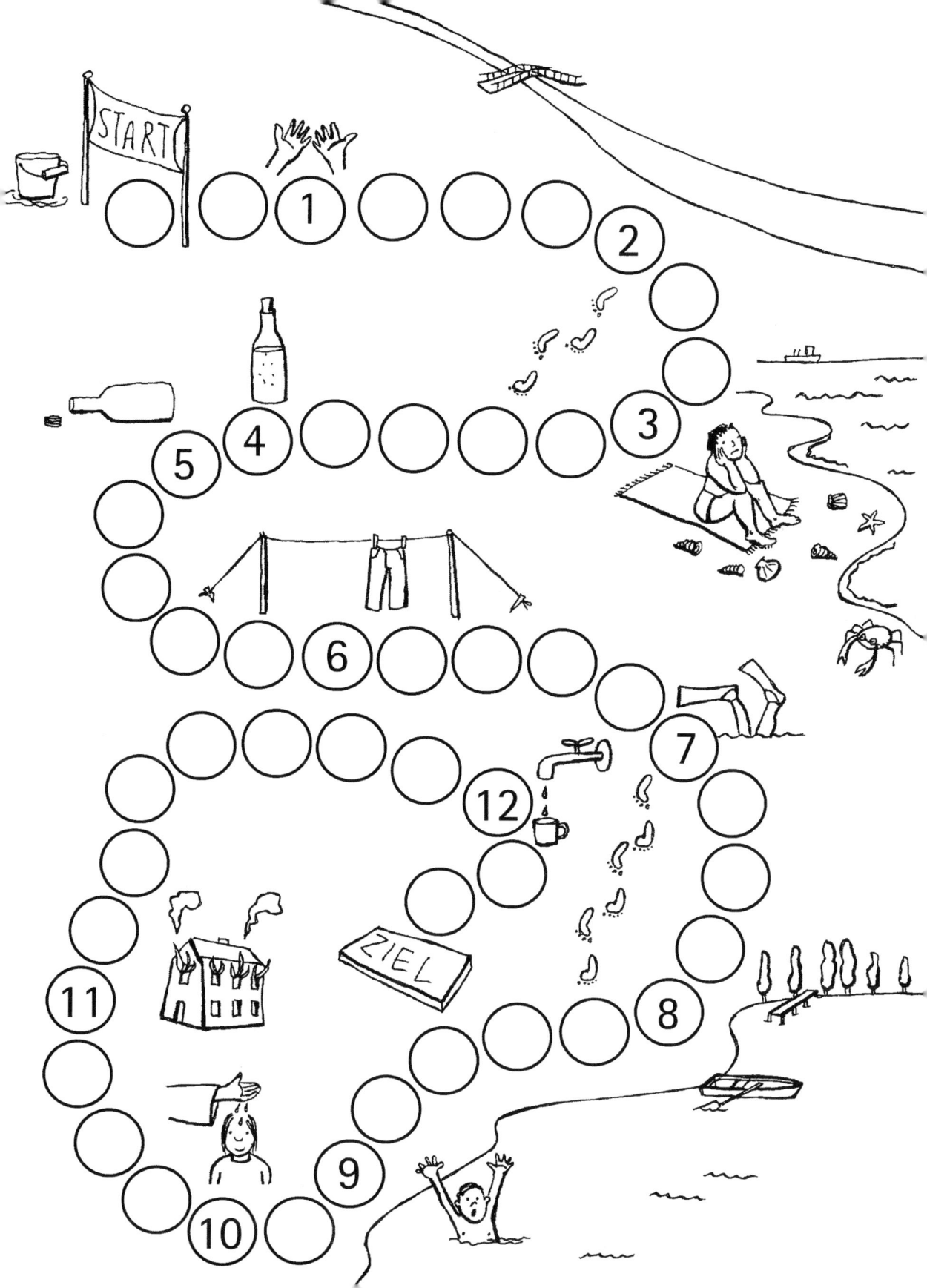

Wasserräder bauen

Mit einem Wasserrad kann man den Kindern gut deutlich machen, dass Wasser etwas in Bewegung bringt, z. B. ein Rad.

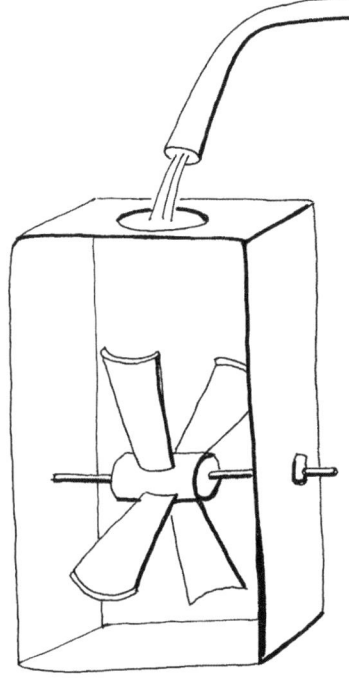

Das kleine Wasserrad

Ein Korken wird mit einer langen Nadel (Schaschlik-Spieß z. B.) in der Mitte durchstochen. Diese Nadel bildet dann die Achse. Ein Jogurtbecher wird von oben aus in vier Teile zerschnitten, der Boden des Bechers weggeworfen und die einzelnen Seitenteile werden senkrecht in den Korken gesteckt. Dabei ist darauf zu achten, dass sie etwa im 90°-Winkel angeordnet sind.

Befestigt werden kann das Ganze in einer Plastikschachtel (z. B. von großen Eispackungen), indem die Nadel durch die beiden Wände gesteckt und außen mit einem kleineren Stückchen Kork befestigt wird. Durch ein Loch oben in der Dose kann nun Wasser geschüttet werden, das über das Rad nach unten abläuft und es in Bewegung setzt.

Das große Wasserrad

An einer alten Fahrradfelge werden außen mindestens sechs (Joghurt-)Becher mit Klebeband befestigt. Zwei Astgabeln halten das Rad etwas oberhalb der Erde. Die Achse sollte allerdings an den Astgabeln durch Schnüre gesichert werden. Eine etwas entfernt davon stehende Latte hält einen Schlauch, über den Wasser auf das Rad laufen kann.

Gesorgt werden muss auch dafür, dass das Wasser einen Weg zum Ablaufen hat. Eine Plastikfolie kann hier das Wasser kanalisieren und zu Spielen mit Schiffchen aus Kork oder Papier einladen.

Spielkette: Wir wollen schwimmen gehen

Dieses Spiel ist eine imaginäre Reise zum Meer. Die Kinder sitzen mit der Leiterin in einem Stuhlkreis. Die Leiterin der Gruppe spricht jeweils einen Satz vor, macht dazu die angegebenen Bewegungen. Die Kinder imitieren beides. Zwischen den einzelnen „Wegabschnitten" sind Spiele vorgeschlagen.

„Wir wollen schwimmen gehen!" *(Die Hände liegen auf den Schenkeln. Die Beine bewegen sich wie zum Laufen, die Hände schlagen dabei jeweils auf den Schenkel)*

„Da hinten ist das Meer!" *(Hände über die Augen)*

„Da wollen wir hin!" *(Mit Zeigefinger nach vorne deuten)*

„Wir wollen schwimmen gehen!" *(s. o.)*

„Aber was ist denn das?"

„Eine Karte!"

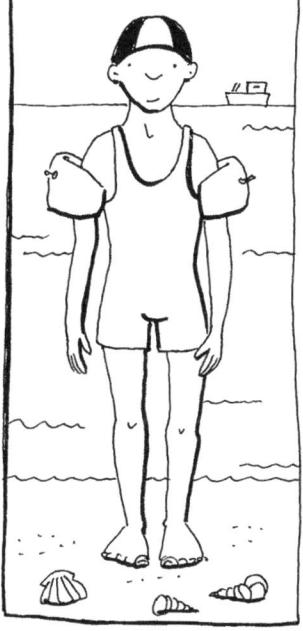

Zwischenspiel 1: Ein Stück Fotokarton, Format A4, liegt in vielen Teilen vor den Kindern. Ihre Aufgabe ist es, die Teile zur Karte zusammenzusetzen. Es erscheint dann das Bild eines Schwimmers im Badeanzug am Meer. (Nebenstehende Vorlage groß kopieren.)

„Wir sind auf dem richtigen Weg!" *(Daumen in die Luft strecken)*

„Wir wollen schwimmen gehen!" *(s. o.)*

„Da hinten ist das Meer!" *(s. o.)*

„Da wollen wir hin!" *(s. o.)*

„Wir wollen schwimmen gehen." *(s. o.)*

„Aber was ist denn das?"

„Eine Brücke!" *(Mit der Hand einen Bogen in die Luft schlagen)*

„Wir können nicht unten durch!" *(Die Hand von unten nach vorne führen)*

„Wir können nicht dran vorbei!" *(Mit der Hand außen herum fahren)*

„Wir müssen drüber!" *(Die Hand wie über die Brücke führen)*

Zwischenspiel 2: Ein Balken liegt über zwei Stühlen oder Tischen. Die Kinder balancieren darüber.

„Puh, wir sind drüber!" *(Vor Erleichterung ausatmen)*

„Wir wollen schwimmen gehen!" *(s. o.)*

„Da hinten ist das Meer!" *(s. o.)*

„Da wollen wir hin!" *(s. o.)*

„Aber was ist denn das?"

„Es regnet!"

„Wir müssen den Schirm aufspannen!" (*Pantomimisch Schirm öffnen*)

Zwischenspiel 3: Ein Kind hält einen Kinderregenschirm. Andere werfen mit Wassertropfen (Bälle aus Zeitungspapier) auf ihn. Das Kind muss schauen, dass es nicht getroffen (nass) wird.

„Puh, jetzt sind wir doch ein bisschen nass geworden!" (*Aufstehen und Wasser abschütteln*)

„Wir wollen schwimmen gehen!" (*s. o.*)

„Da hinten ist das Meer!" (*s. o.*)

„Da wollen wir hin!" (*s. o.*)

„Aber was ist denn das?"

„Da sind ja lauter Frösche!" (*Mit einer Hand Froschmaul imitieren*)

„Da machen wir mit!"

Zwischenspiel 4: Zwei Froschteiche werden mit Kreide auf dem Boden aufgemalt, ca. 3 m auseinander. Die Kinder sind die Frösche und verteilen sich auf die Teiche. Ein Kind ist der Storch zwischen den Teichen. Wenn er klappert (mit beiden ausgestreckten Armen aufeinanderschlagen), müssen die Frösche den Teich wechseln. Der Storch versucht, einen zu fangen. Der dritte Gefangene wird selbst der Storch und das Spiel beginnt von vorn.

„Wir wollen schwimmen gehen!" (*s. o.*)

„Da hinten ist das Meer!" (*s. o.*)

„Da wollen wir hin!" (*s. o.*)

„Aber was ist denn das?"

„Ein Getreidefeld!"

„Wir können nicht drüber!" (*Arme hinüber strecken*)

„Wir müssen durch!" (*Mit beiden Armen das Getreide zur Seite schieben*)

Zwischenspiel 5: Ein Seil wird durch den Raum gespannt, z. T. unter Tische und Bänke. Die Kinder müssen immer dem Seil folgen, dabei drunter und drüber klettern, bis sie am Ende des Seils angekommen sind.

„Jetzt sind wir durchs Feld durchgekommen!" (*Mit Finger nach vorne zeigen*)

„Aber was ist denn das?"

„Das Meer!" *(Mit Beinen und Händen schnell laufen)*
„Wir wollen schwimmen gehen!" *(Sehr schnell laufen)*
„Wir ziehen den Badeanzug an." *(Mit Händen Kleidung streifen)*
„Und rein ins Wasser!" *(Einmal laut in die Hände klatschen)*
„Wir schwimmen im Meer!" *(Schwimmbewegungen machen)*
„Lass uns um die Wette schwimmen!"

Zwischenspiel 6: Zwei Korken sind die Schwimmer, die im Meer (ein sehr großes Gefäß, z. B. eine Wäschewanne) schwimmen. Jeweils zwei treten gegeneinander an und pusten ihren Schwimmer voran. Sie müssen allerdings darauf achten, nicht den anderen mit voranzubringen! Wer als Erster am anderen Ende ist, hat den Wettbewerb gewonnen.
„Wir schwimmen im Meer!" *(s. o.)*
„Aber was ist denn das?" *(Gespannte Pause lassen, dann laut:)*
„Ein Haifisch!" *(Eine Hand wie eine Haifischflosse senkrecht nach oben strecken)*
„Wir wollen nach Hause gehen!" *(Schnelle Laufbewegungen)*
„Wir müssen durchs Feld durch!" *(Mit beiden Armen in großen Bewegungen das Getreide zur Seite schieben)*
„Wir wollen nach Hause gehen!" *(s. o.)*
„Da quaken die Frösche!" *(Mit der Hand Froschmaul imitieren)*
„Wir wollen nach Hause gehen!" *(s. o.)*
„Es regnet!" *(Pantomimisch Schirm aufspannen)*
„Wir wollen nach Hause gehen!" *(s. o.)*
„Über die Brücke!" *(Mit Hand einen Bogen schlagen)*
„Wir wollen nach Hause gehen!" *(s. o.)*
„Wo ist unser Haus?" *(Hände über die Augen)*
„Da ist es ja!" *(Mit Finger zeigen)*
(Langsam) „Puh, gerettet!" *(Mit Hand Türe schließen. Auf dem Stuhl zurückfallen lassen und ausruhen)*

SYMBOL „KLEID"

Das Taufkleid ist eine uralte Sitte, die schon in den ersten Jahrhunderten praktiziert wurde. Es war weiß, um zu symbolisieren, dass der Getaufte nun rein von allen Sünden ein neues Leben beginnt. Deshalb bekam der Täufling anders als heute erst *nach* der Taufe das weiße Kleid angezogen. Es symbolisiert, dass der Getaufte nun „Christus angezogen" hat. Jetzt hat er eine Würde, aber auch Aufgaben, die er vor der Taufe nicht hatte.

„Jesus anziehen"

Verschiedene Kostüme und Kleider stehen zur Verfügung, z. B. Ärztekittel, Talar eines Pfarrers, Anzug oder Kostüm, Badeanzug, Wintermantel mit ganz warmer Mütze und Handschuhe usw., ein weißes (Tauf-)Kleid. Jedes Kind zieht ein Kostüm an.

Die Kinder spielen die zu den Kostümen passenden Rollen und erleben ihre Macht und Ohnmacht, Aufgaben und Einschränkungen. Nach dem freien Rollenspiel lassen sie einander teilhaben an dem, was ihnen dabei gefallen hat, z. B.:

„Ich bin jetzt ein Polizist und ihr müsst mir gehorchen. Ich kann die Autos fahren lassen und stehen lassen, wie ich will. Und Verbrecher, die fange ich und bringe sie ins Gefängnis!"

Zum Schluss zieht eines der Kinder ein ganz weißes langes Gewand an. Wessen Anzug könnte das sein? Die Kinder werden Verschiedenes assoziieren: Arzt, Engel, Koch, sauber …

Das Taufkleid ist der „Anzug" für einen Christen. Wenn der Täufling getauft ist, dann ist es, als ob er ein unsichtbares Gewand angezogen hätte. Er ist etwas Besonderes. Wenn einer diesen Anzug anhat, dann wissen wir: Er gehört zu Jesus.

Taufkleid gestalten

Wenn ein Kind aus der Gruppe getauft werden soll, kann die Gruppe miteinander ein Taufkleid gestalten und dem Täufling zur Taufe schenken.

Ein einfaches Kleid aus weißem Baumwoll- oder Leinenstoff wird dazu genäht und mit Stofffarben bedruckt. Zum Drucken eignen sich entweder Stempel aus Kartoffeln oder auch aus Moosgummi: Die Motive werden mit der Schere oder einem spitzen Messer ausgeschnitten und auf ein Holzklötzchen aufgeklebt.

Als Motive kommen in Frage:

- Am unteren Saum des Kleides: ICH BI N GETAUFT (evtl. auch den Namen des Täuflings einstempeln)
- Fisch als Symbol für Jesus Christus
- Alpha und Omega als Buchstaben für Jesus Christus
- Wasser und Wellen
- Wassertropfen

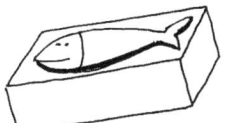 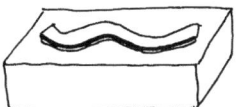  

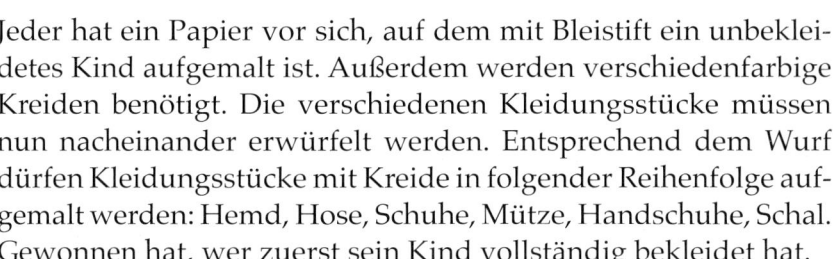

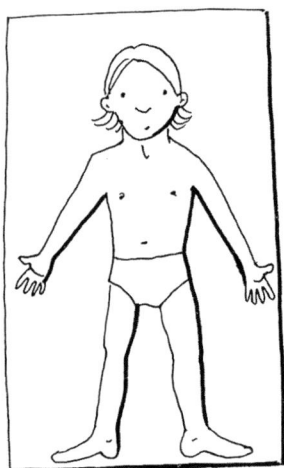

Kleider würfeln!

Jeder hat ein Papier vor sich, auf dem mit Bleistift ein unbekleidetes Kind aufgemalt ist. Außerdem werden verschiedenfarbige Kreiden benötigt. Die verschiedenen Kleidungsstücke müssen nun nacheinander erwürfelt werden. Entsprechend dem Wurf dürfen Kleidungsstücke mit Kreide in folgender Reihenfolge aufgemalt werden: Hemd, Hose, Schuhe, Mütze, Handschuhe, Schal. Gewonnen hat, wer zuerst sein Kind vollständig bekleidet hat.
Für das Würfeln gelten folgende Grundregeln:
Es wird mit zwei Würfeln gleichzeitig gewürfelt.
Wer eine „6" hat, darf seinem Kind ein Kleidungsstück anziehen (aufmalen).
Wer einen „6er"-Pasch würfelt, der muss mit einem kleinen Schwamm (nicht zu feucht!) das Kind wieder „ausziehen" und von vorne beginnen.
Wer einen anderen Pasch würfelt, hat besonderes Glück und darf mit einem anderen Kind aus der Runde die Blätter tauschen!

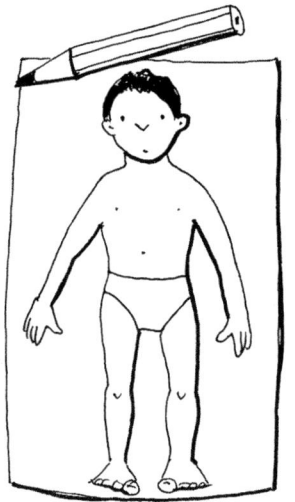

Das weiße Kleid

Die Kinder aus Gruppe 2 zeigen jeweils in den Versen das entsprechende Kleid (Arztkittel, weißes Abendkleid, weißer Overall, Brautkleid, Taufkleid)

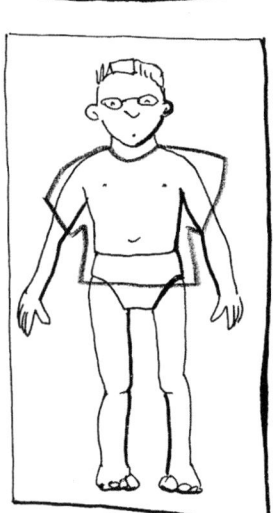

Refrain: Gruppe 1: Was   ist denn das, was
Gruppe 2: Ihr   könnt doch mal, ihr

ist denn das, das wei - ße Kleid am Ha - ken?
könnt doch mal, ihr könnt doch ein - mal ra - ten! *Pause*

1. Gruppe 2: Das da zieht der Doktor an, da-

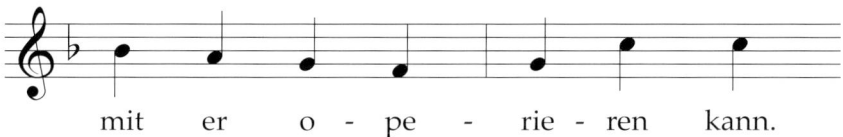

mit er o - pe - rie - ren kann.

Gruppe 1: Ach so! Ach so, der

Dok - tor braucht das Kleid!

Strophen:

2. Gruppe 2: Das da zieht die Mutter an,
   damit man sie bewundern kann.
   Gruppe 1: Ach so, ach so, die Mutter braucht das Kleid!

3. Gruppe 2: Das da zieht der Maler an,
   damit er sich beklecksen kann.
   Gruppe 1: Ach so, ach so, der Maler braucht das Kleid!

4. Gruppe 2: Das da zieht die Braut gern an,
   damit sie schön aussehen kann.
   Gruppe 1: Ach so, ach so, die Braut braucht dieses Kleid!

5. Gruppe 2: Das da zieht der Täufling an,
   dass Christus in ihm wohnen kann!
   Gruppe 1: Ach so, ach so, der Täufling braucht das Kleid!

Text und Melodie: Anne Oberkampf

SYMBOL „GEMEINSCHAFT"

Die Taufe bedeutet für den Täufling die Aufnahme in die Kirche Jesu Christi. Dabei wird er formal in eine der Kirchen (Evangelische Landeskirche, Katholische Kirche, Evangelisch-methodistische Kirche, Baptistische Kirche oder eine andere Freikirche, orthodoxe Kirche) als einem Zweig der großen Familie Gottes aufgenommen.
Die Gemeinschaft ist von Jesus Christus gegründet und durch ihn getragen. Wer getauft ist, „gehört dazu". Die Wichtigkeit dieses Aspekts ist bei Kindern nicht zu unterschätzen!

Larissa möchte dazugehören

Weil Larissa Kurts beste Freundin war, ging sie mit ihm jeden Freitag zur Kinderstunde in die Friedenskirche. Dort gefiel es ihr gut! Zum einen, weil man hier so schön spielen konnte. Und zum anderen, weil Anita, die Leiterin der Gruppe, immer Geschichten von Gott erzählte. „Gott hat dich lieb!", sagte sie. „Und Gott freut sich über dich, genauso wie du bist! Und er wollte genau dich auf dieser Welt haben!" Wenn Anita das erzählte, freute sich Larissa, denn so einen Gott zu haben, das war etwas Besonderes!
Neulich allerdings hatte sie mit Kurt gestritten. Kurt wollte sie nicht mehr mitnehmen in die Kinderstunde. Er sagte: „Du bist ja gar nicht getauft! Du gehörst nicht dazu! Du bist gar nichts!" Larissa verstand das nicht. Aber danach ging sie nicht mehr in die Kinderstunde.
Doch sie hatte die Rechnung ohne Anita gemacht. An einem Montagnachmittag stand sie bei Larissa vor der Tür und erkundigte sich nach ihr.

„Ich komme nie wieder", platzte es aus Larissa heraus. „Ich gehöre doch nicht dazu!"
Anita guckte verdutzt. „Wieso gehörst du nicht dazu?"
„Weil ich nicht getauft bin!" Larissa weinte fast.
„Na hör mal!" Anita war entrüstet. „Wer sagt denn so was! Jeder Mensch gehört zu Gott. Und was kannst du dafür, dass dich deine Eltern nicht als kleines Baby haben taufen lassen? Ich verrate dir was!" Sie zog das Mädchen zu sich her und flüsterte ihr etwas ins Ohr.

Am nächsten Freitag war Larissa wieder in der Kinderstunde. Kurt blickte sie finster an, aber Larissa bemerkte es gar nicht, so freute sie sich, wieder dabei zu sein. Es war auch alles in Ordnung: Sie gehörte jetzt nämlich dazu. Anita hatte mit ihren Eltern gesprochen und miteinander hatten sie vereinbart, dass Larissa getauft wird!

„Ab jetzt", sagte Anita zu allen, „gehört Larissa fest dazu. Sie ist nämlich in der Kinderstunde im Taufunterricht!"

Puzzle – Zur Kirche gehören alle Getauften!

Die Gruppenleiterin vergrößert die Vorlage auf Seite 28 um das Vierfache und überträgt sie auf einen Karton. Die Puzzleteile werden ausgeschnitten.

Die Gruppenleiterin überlegt mit den Kindern, wer in ihrer Umgebung alles getauft ist, z. B. die Oma von Jens, der Opa von Richard, die Religionslehrerin, die Nachbarin, der Pfarrer oder eine Gruppenleiterin. Die Kinder malen die Person, die ihnen eingefallen ist, auf je ein Puzzleteil.

In Gruppen mit durchweg getauften Kindern können sich die Kinder selbstverständlich auch selbst malen. Bei gemischten Gruppen ist darauf zu achten, dass nicht ungetaufte Kinder das Gefühl bekommen, „draußen" stehen gelassen zu werden.

Wenn ein Kind demnächst getauft wird, soll für dieses Kind auch ein Puzzleteil gemalt werden.

Wenn alle fertig sind, legen die Kinder das Puzzle zusammen.

Die Kirche auf der Kopiervorlage ist nach unten erweiterbar. Für den Fall, dass mehr als zwölf Puzzleteile gebraucht werden, kann das „Kirchenschiff" doppelt kopiert und unten in benötigtem Maße angesetzt werden!

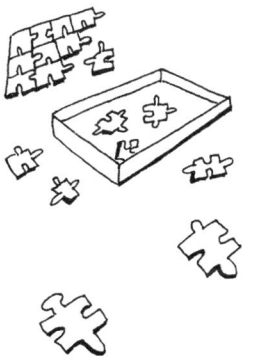

Diese Offenheit zeigt auch, dass die Kirche nie abgeschlossen ist: Das Puzzleteil des Kindes, das demnächst getauft wird, könnte lose unten an den Rand gelegt und nach der Taufe eingefügt werden!

Am besten ist es doch, wenn es bunt ist!
Eine farbige Spielgeschichte

Jedes Kind bekommt einen Streifen aus Krepppapier. Dabei sollen die Farben Rot, Gelb, Blau, Grün und Schwarz etwa gleich oft vertreten sein. Gespielt wird folgendermaßen: Die Leiterin der Gruppe liest die Geschichte vor (oder erzählt sie). Immer wenn eine Farbe darin vorkommt, strecken die Kinder mit der entsprechenden Farbe ihr Kreppband in die Höhe. Das muss vorher allerdings geübt werden. Besprochen werden muss auf jeden Fall auch, wer bei „bunt" streckt: nämlich alle.

Eines Tages beschlossen Kathrins Stifte, den *roten* Stift aus dem Mäppchen hinauszuwerfen! Warum? Weil der *rote* Stift immer so schrecklich eitel war. „Ich bin der Wichtigste! Die Farbe der Liebe und der Feuerwehr!", sagte er ein ums andere Mal.
Der *blaue* Stift dachte auch, dass er der Wichtigste sei. Und der *gelbe* wusste, dass niemand so eine schöne Sonne malen konnte wie er. Und der *grüne* Stift, der für das Gras und die Bäume zuständig war, dachte bei sich: „Wenn der *rote* Stift wüsste, wie oft Kathrin mich aus dem Mäppchen holt …!" Der *schwarze* Stift malte die Umrisse. *Rote* oder *grüne* oder *gelbe* oder *blaue* Umrisse – wie sähe denn das aus!
Da setzte sich Kathrin an den Tisch und fing an zu malen. Sie begann unten: *grünes* Gras und Bäume entstanden. Dann kam der Himmel. „Jetzt", wusste der *blaue* Stift, „bin ich dran!" Dann malte Kathrin mit dem *gelben* Stift die Sonne. Und ein paar *blaue* Wolken kamen auch noch dazu. Mit dem *schwarzen* Stift zeichnete sie ein Haus. Plötzlich rief sie: „Wo ist denn mein *roter* Stift geblieben? Ich brauche ihn doch für das Dach! Ein *blaues* oder *schwarzes* Dach ist nicht schön. Und ohne *Rot* – da wird das Bild nicht *bunt* genug!"
Kathrin machte sich auf die Suche nach dem *roten* Stift. Er lag neben dem *grünen* Kissen auf dem Boden. Sie legte ihn zu den anderen. „Da seht ihr mal, wie wichtig ich bin!", sagte der *rote* Stift zum *blauen*, zum *grünen*, zum *gelben* und zum *schwarzen* Stift. Ohne mich geht es nicht!" Kathrin nahm ihn und setzte ein *rotes* Dach auf das *schwarze* Haus. „Jetzt ist das Bild schön *bunt*. Ich brauche alle Farben! Erst wenn *blau* und *gelb* und *grün* und *rot* und *schwarz* zusammen sind, dann ist es richtig *bunt*!", sagte Kathrin zufrieden.

„Die Familie Gottes ist so groß"

Die Fa - mi - lie Got - tes ist so groß, sie
hat viel - tau - send Glie - der. Doch
sind sie wie Glie - der an dem Leib, ein
je - des vom an - dern ver - schie - den.
Refrain: Du bist ein Teil, ich bin ein Teil, wir
al - le ge - hö - ren zu - sam - men. Wir
ha - ben den glei - chen Va - ter,
auch wenn wir uns nicht ken - nen.

Text: Esther Secretan, Dt: Gerhard Schnitter, Melodie: Gordon Schultz, Rechte: Hänssler-Verlag, Neuhausen-Stuttgart

Mehr und mehr wird es bei Taufen üblich, dem Täufling eine schön verzierte Taufkerze anzuzünden und zu schenken. Dieser Brauch greift zurück auf ein Jesuswort: „Ich bin das Licht der Welt." (Johannes 8, 12)
Die Taufkerze wird an einer großen Christuskerze angezündet, um anzuzeigen, dass der Täufling das Licht von Christus empfangen hat und in seinem Licht lebt. In manchen Familien wird die Taufkerze jedes Jahr am Tauftag angezündet.

Kerzen verzieren

Wem das Kerzen-Ziehen zu aufwändig ist, der kann es sich einfacher machen: Schmale Kerzen (z. B. Christbaumkerzen) werden in geschmolzene Wachsmasse gehalten (alte Kerzenstummel jeweils in verschiedenen Farben getrennt im Wasserbad schmelzen, evtl. spezielle Färbwachse dazugeben). Bei verschiedenen Farbtöpfen kann durch ein unterschiedlich tiefes Eintauchen (auch von unten und oben) ein jeweils eigenes Muster entstehen. Zwischen den Tauchgängen gut trocknen lassen!
Im Handel gibt es auch Wachsplatten zu kaufen, aus denen man mit Ausstechern Motive herstellen und auf eine dickere Kerze kleben kann. Natürlich ist es bei älteren Kindern auch möglich, eigene Kreationen zu schaffen. Motive vorritzen, dann mit einem Messer aus der Wachsplatte trennen. Unterlage nicht vergessen!

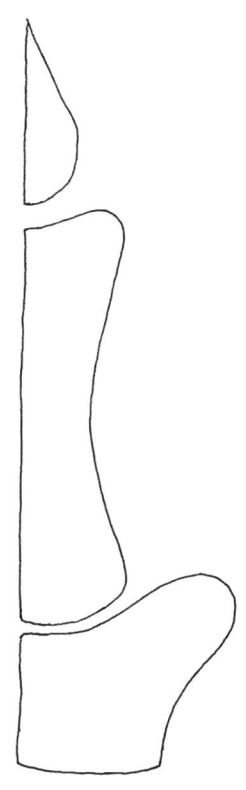

Kerzenkarte

Eine Karte im Format A5 wird hochkant in der Mitte gefaltet. Aus Wabenpapier schneiden die Kinder nach nebenstehender vergrößerter Vorlage eine Flamme aus gelbem Wabenpapier, eine Kerze und einen Kerzenständer aus Wabenpapier in beliebiger Farbe aus. Achtung: Das Wabenpapier in der richtigen Richtung schneiden!
Das Wabenpapier wird jeweils an den beiden Außenseiten so in die Innenseite der Karte geklebt, dass sich beim Aufklappen eine dreidimensionale Karte mit einer Kerze entfaltet.

„Tragt in die Welt nun ein Licht"

1.*) Tragt in die Welt nun ein Licht,

sagt al - len: Fürch - tet euch nicht!

Gott hat euch lieb, groß und klein!

Seht auf des Lich - tes Schein!

*) Die erste Zeile dieses Liedes lässt sich immer wieder neu abwandeln!

z. B.: 2. Tragt zu den Alten ein Licht …
3. Tragt zu den Kranken ein Licht …
4. Tragt zu den Kindern ein Licht …

Text und Melodie: Wolfgang Longardt, Rechte: Verlag Ernst Kaufmann, Lahr

Zahlenbild

Was für ein Bild entsteht, wenn die Zahlen in der richtigen Reihenfolge verbunden werden?

Die Jagd nach der Flamme

Für dieses Spiel werden benötigt: 2 Würfel, 4 Teelichte, eine dicke, große Kerze und ein großer Bogen Tonkarton.
Die Leiterin überträgt den nebenstehenden Spielplan auf den Tonkarton. Die Felder müssen so groß sein, dass ein Teelicht leicht hineingestellt werden kann. Die große Kerze wird oben aufgestellt und angezündet. Jeder Mitspieler bekommt ein Teelicht und stellt es auf eins der vier Startfelder.

Nun wird abwechselnd mit zwei Würfeln geworfen. Gezogen werden darf, wenn einer der beiden Würfel die Zahl im nächsten Feld zeigt oder wenn ein Pasch geworfen wurde (egal welcher). Die Spieler ziehen zunächst in Richtung der großen Kerze. Wer auf „6" angekommen ist, darf sein Teelicht am großen Licht anzünden. Dann geht es auf dieselbe Weise wieder zurück an den Start (vorsichtig schieben, damit kein heißes Wachs verschüttet wird!). Treffen einmal drei Spieler auf der gleichen Zahl ein, werden alle brennenden Kerzen ausgepustet und die Spieler ziehen alle noch einmal in Richtung der großen Kerze. Gewonnen hat, wer zuerst mit der brennenden Kerze auf dem Feld mit der „1" gelandet ist!

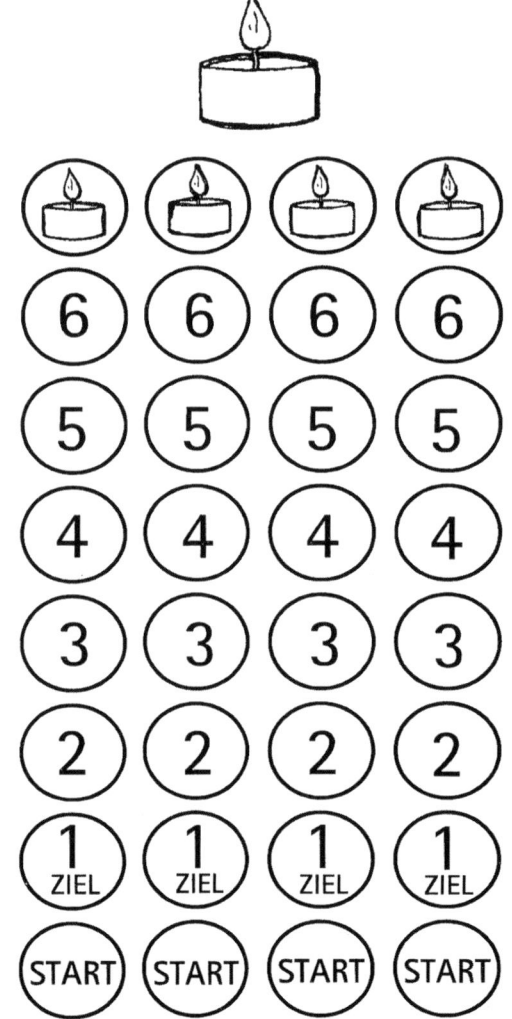

Wenn die Taufe eines Kindes den Anlass für die Beschäftigung mit dem Thema bildete, ist es schön, mit der ganzen Gruppe an der Taufe teilzunehmen. Vielleicht ist es sogar möglich, in Absprache mit dem Pfarrer / der Pfarrerin und den Eltern, etwas zum Taufgottesdienst beizutragen. Je nach Taufvers oder Thema des Gottesdienstes kann dabei an Verschiedenes gedacht werden:

– Die Kindergruppe bedruckt dem Täufling ein **Taufkleid** (siehe Seite 23). Die Vorderseite wird bedruckt mit der Symbolik zur Taufe und dem Namen des Kindes samt seinem eigenen Handabdruck. Die Rückseite ist den „Unterschriften" (Handabdrücken) der Kinder vorbehalten.

– Das **Puzzle** zum Symbol „Gemeinschaft" (siehe Seite 28) wird im Gottesdienst zusammengesetzt. Dazu erhält jeder Gottesdienstbesucher ein Puzzleteil und schreibt seinen Namen darauf. Das Puzzleteil des Täuflings wird nach der Taufe ganz unten eingesetzt.

– Wenn als Thema des Taufgottesdienstes das Licht gewählt wurde, singen die Kinder das **Lied** „Tragt in die Welt nun ein Licht" (siehe Seite 33). Danach bekommt jeder Gottesdienstbesucher eine von einem Kind verzierte **Kerze** nach Hause (siehe Seite 31).

– Zum Thema „Gemeinschaft" eignet sich das **Lied** „Die Familie Gottes ist so groß" (siehe Seite 30).

– Das **Lied** auf Seite 24 wird der Gemeinde mit den entsprechenden Kleidungsstücken im Gottesdienst vorgespielt.

– Kann die Gruppe in das Taufgeschehen selbst einbezogen werden, ist es schön, wenn die Kinder zu Beginn der Taufhandlung vorsichtig das **Taufwasser** in einer Schale nach vorne bringen.

Regen in der Kirche. Ein Brief

Lieber Viktor!

Stell dir vor: Neulich traf ich eine Maus in der Kirche! Du meinst, das sei nichts Ungewöhnliches? Nun, das ist wahr. Man sagt ja, es gäbe viele Kirchenmäuse. Aber etwas war schon ungewöhnlich: Die Maus trug nämlich einen Regenschirm, einen ganz klitzekleinen.

Zuerst habe ich meine Brille abgenommen und geputzt, um sicher zu gehen, dass es tatsächlich eine Maus mit Regenschirm ist und nicht ein Fleck vom letzten Familiengottesdienst. Aber: der Fleck bewegte sich und der kleine, bunte Schirm drehte sich mit.

Eigentümlich war auch, dass die Maus sich keinerlei Mühe gab wegzulaufen. Sonst eilen Mäuse gleich in ihre Verstecke (sagt man! denn ich habe noch nie eine Kirchenmaus gesehen).

Also, dachte ich, kannst du sie einmal ansprechen. „Liebe Maus, was hast du für einen reizenden Regenschirm!", begann ich. Sie drehte sich zu mir um und suchte mein Gesicht. So eine Maus ist ja sehr klein im Vergleich zu mir. „Danke schön für das Kompliment!", piepste sie so leise, dass ich es fast nicht verstand.

Ich war hocherstaunt, dass sie sprechen konnte, und fragte: „Liebe Maus, warum hast du denn diesen reizenden Regenschirm hier in der Kirche aufgespannt? Es gibt doch ein Kirchendach, das den Regen abhält."

„Das", piepste die Maus, „habe ich auch gedacht. Bis zum letzten Sonntag. Da habe ich einen so großen Wassertropfen auf den Kopf bekommen, dass ich meine Haare fönen musste! Und dann ging ein riesiger Lärm los, dass ich dachte, die Kirche stürzt ein!"

Du merkst, lieber Viktor, es war ein eigentümliches Gespräch mit einer eigentümlichen Maus, die einen Fön besitzt und einen Regenschirm in der Kirche aufspannt und die befürchtet, dass die Kirche bald zusammenbricht. Unter uns gesagt: So baufällig sah

die Kirche nicht aus, dass man etwas hätte befürchten müssen.
Und leise war es auch.

Aber dann, mein Lieber, fiel es mir ein! Am Sonntag war deine
Taufe! Und die Maus hat einen Tropfen von dem Wasser abbe-
kommen, das die Pfarrerin dir auf den Kopf gegossen hat, und
daraufhin hast du so laut geschrien, dass die Maus Angst bekam.
Vielleicht gehst du ja mal hin, wenn du größer bist, und ent-
schuldigst dich bei der Maus. Auf jeden Fall aber wünsche ich dir
Gottes Segen und alles Gute zu deiner Taufe!

Deine Tante Ida

RÄTSELBILD –
WAS GEHÖRT NICHT ZUR TAUFE?

Ins Bild von Sophies und Gerrits Taufe haben sich 9 Fehler eingeschlichen. Findest du sie?

Auflösung: 1 Micky-Maus-Plakat, 2 Orgelspielerin mit Inline-Skater, 3 Tasse und 4 Spielzeugauto auf dem Altar, 5 Papagei, 6 Luftballon, 7 Pfarrer mit Computertastatur, 8 Kind mit Zeugnis, 9 Mutter mit Rucksack

LITERATURHINWEISE

Bücher zum Thema

Gerhard Barth, Die Taufe in frühchristlicher Zeit. Neukirchener Verlag, Neukirchen 2002.

Hubertus Brautzen, Dem Leben eine Zukunft geben. Kleiner Grundkurs zur Taufe für Eltern und Paten. Herder Verlag, Freiburg 2001.

Uwe Dittmer, Die Taufe: was es mir bedeutet, getauft zu sein. Evang. Haupt-Bibelgesellschaft und von Cannsteinsche Bibelanstalt, Berlin 2002.

Wolfgang Dorp, Ich habe dich bei deinem Namen gerufen. Taufe und Patenamt erklärt. Agentur des Rauhen Hauses, Hamburg 1999.

Kirsten Fiedler, Gott ruft dich bei deinem Namen. Die Taufe Eltern und Paten erklärt. Claudius Verlag, München 2002.

Erich Geldbach, Taufe (Ökumenische Studienhefte Nr. 5). Vandenhoeck und Ruprecht, Göttingen 1996.

Andreas Heinze, Taufe und Gemeinde. Biblische Impulse für ein Verständnis der Taufe. Oncken Verlag, Kassel 2000.

Claudia Hofrichter / Matthias Ball, Wir möchten, dass unser Kind getauft wird. Wie Mütter, Väter und Paten die Taufe besser verstehen können. Kösel Verlag, München o.J.

Lohnend ist auch das Nachschlagen in theologischen Lexika oder kirchlichen Gesamtwerken, z. B.:

Evangelischer Erwachsenenkatechismus. Glauben – erkennen – leben. Gütersloher Verlagshaus, 2000, 541–556.

Bücher für Kinder

Elsbeth Bihler, Taufe bei Familie Nebenan. Lahn-Verlag, Kevelaer 2002.

Werner Laubi, Du bist getauft. Verlag Ernst Kaufmann, Lahr 2002.

Regine Schindler, Steffis Bruder wird getauft. Verlag Ernst Kaufmann, Lahr 2002.

Markus Tomberg, Die Taufe den Kindern erklärt. Butzon und Bercker, Kevelaer 1998.

Arbeitshilfen für Taufgottesdienste

Joachim Dietermann, Taufe für Große und Kleine (Materialheft der Beratungsstelle für Gestaltung von Gottesdiensten und anderen Gemeindeveranstaltungen, Heft 71), Frankfurt 1994.

Peter Klever (Hg.), Ins Leben Leben gerufen. Eine Hilfe zur Vorbereitung und Mitgestaltung von Taufgottesdiensten. Verlag Ernst Kaufmann, Lahr.

Gerhard Mellinghoff (Hg.), Die Taufe. Entwürfe, Erfahrungen, Predigten, Gebet. Vandenhoeck und Rupprecht, Göttingen 1984.

Birgit Müller / Irene Dannemann, Taufe feiern. Den Tauftag sinnvoll planen und gestalten. Gütersloher Verlagshaus, Gütersloh 2002.

Georg Ottmar (Hg.), Mit Kindern Taufe und Abendmahl feiern. Gütersloher Verlagshaus, Gütersloh 1998.

Daneben gibt es im Handel eine Menge verschiedener *Erinnerungsbücher an den Tag der Taufe,* z. B.:

Markus Tomburg, Willkommen in unserer Mitte. Zur Erinnerung an Deine Taufe und die ersten Schritte im Leben. Herder Verlag, Freiburg 2002.

Auskunft zu Tauffragen erhält man auch bei den Pfarrern bzw. Pfarrerinnen, Priestern und Pastoren bzw. Pastorinnen vor Ort.